Mohamed Medjahdi

« L'homme des Aurès, le Général et les Emirs »

Mohamed Medjahdi

« L'homme des Aurès, le Général et les Emirs »

Récit d'une opération militaire menée en 1995, par les forces de l'Armée Nationale Populaire.

Éditions Muse

Cover image: www.ingimage.com

Publisher:
Éditions Muse
is a trademark of
Dodo Books Indian Ocean Ltd. and OmniScriptum S.R.L publishing group

120 High Road, East Finchley, London, N2 9ED, United Kingdom
Str. Armeneasca 28/1, office 1, Chisinau MD-2012, Republic of Moldova, Europe
Printed at: see last page
ISBN: 978-620-4-96345-7

« L'homme des Aurès, le Général et les Emirs »

Récit d'une opération militaire menée en 1995, par les forces de l'Armée Nationale Populaire.

A toutes les populations des Aurès et aux forces de l'Armée Nationale Populaire

Préface

Dans « L'homme des Aurès, le Général et les émirs », une histoire réelle, pour glorifier la mémoire de ceux qui sont morts au service de la patrie, lors de la décennie noire, cette tâche exsangue dans la vie de la nation. Un pan de la résistance du peuple algérien écrit et relaté par la plume de Mohamed Medjahdi.

L'auteur décrit avec force détails, comment les forces de sécurité ont réussi de main de maître, à neutraliser le plus important groupe de terroristes, implanté dans les monts abrupts d'Ain Defla, l'été 1995.

Dans ce livre, l'auteur raconte la reddition d'un émir qui a révélé à l'ex Wali de cette région, l'existence de centaines de criminels qui préparaient des attentats et coups d'action qui devaient cibler de nombreuses institutions d'Alger, sa périphérie et Blida, sa voisine.

Deux figures de proue à savoir l'ex Wali de Ain Defla et le Général Commandant de la Première région militaire, avaient ainsi à cette date là, que l'histoire retiendra, accompli avec abnégation leur action courageuse.

Les unités de l'armée nationale populaire avaient ainsi mobilisé les grands moyens pour les bcsoins de cette opération militaire de grande envergure, mais surtout pour venir à bout d'un groupe terroriste qui activait déjà depuis quelque temps dans cette zone névralgique.

Les massifs montagneux qui vont de Beni Melik et Bourkika jusqu'à Hammam Righa et certains maquis de la wilaya d'Ain Defla ont été bombardés par l'aviation et les mortiers, suivis d'une grande opération de ratissage qui a duré plusieurs jours. Bilan : plus de 1.200 terroristes éliminés et d'importants lots d'armes et autres documents saisis.

Cette introspection dans l'univers des terroristes qui voulaient mettre à genou le pays tout entier, se veut être un témoignage de l'épopée de patriotes et serviteurs de l'Etat, à l'image de l'ex wali et du général chef de la région d'Ain Defla. Ces derniers, au risque de leur vie, ont affronté dans une solidarité absolue, le péril extrémiste, tel un rempart qui s'est dressé pour protéger la capitale et sa région de l'assaut des damnés de la terre.

Cet écrit se veut aussi un message aux générations montantes, mettant en évidence l'esprit de dévouement à la mère patrie, démontré par de valeureux nationalistes qui ont occupé des postes importants, fermement engagés à mettre en péril leur vie pour tenter de sauver celles de leurs coreligionnaires.

Noureddine Azouz , Journaliste

Mon modeste récit que voici, sur un douloureux chapitre vécu par notre pays qui conte un des combats que la valeureuse armée nationale a mené contre le terrorisme dans la région d'Ain Defla, se veut une contribution à la sauvegarde de la mémoire collective. Mais aussi une reconnaissance personnelle à travers deux médailles de mérite que je décerne, moi l'humble citoyen de cette Algérie, à l'homme des Aurès et au Général qui ont mené l'opération de la bataille d'Ain Defla cet été là de l'année 1995. « L'union fait la force» nous interpelle au devoir de nous unir et d'être déterminés à faire de notre pays, un pays uni vers le progrès. Ainsi donc en rendant hommage à ceux qui sont les héros de ce pays, nous travaillons ensemble pour le progrès de la nation algérienne et son édification.

J'ai fait le déplacement depuis Tlemcen, Sebdou, plus exactement, distante

d'une trentaine de kilomètres du chef-lieu. Un été particulièrement chaud. Cela n'allait pas s'arranger à Ain Defla que j'allais rallier par taxi.
Sur place, j'ai trouvé une ville croulant sous une haute température. Cette région comme dans la plupart des régions d'Algérie, subit un épisode caniculaire d'une intensité exceptionnelle. La population est calfeutrée dans les maisons, plus clémentes et les artères de la cité bien vides. Même la circulation automobile y est fluide. Une fois le soleil au zénith, Ain Defla plonge dans une torpeur quasi-totale imposée par la hausse du thermomètre même lorsque la nuit tombe. Je choisis de me rendre dans un café maure pour étancher la soif qui me tenaillait sans cesse
A l'intérieur, de l'établissement, je me heurte à une ambiance des plus routinières. Quelques joueurs, des vieux surtout sont déjà attablés et s'adonnent à une partie de

dominos. Je suis dans la ville depuis maintenant une semaine Le garçon me connait et automatiquement il vient vers moi dès que je franchi le seuil du café. Même s'il sait ce que je prends d'habitude, il s'inquiète quand même de mon choix. Je confirme, un café et un verre d'eau.
En attendant d'être servi, je consulte la presse du jour. Aucun article n'attire mon attention, rien d'intéressant. Comme au quotidien les colonnes des journaux, les unes rapportent les massacres perpétrés contre les populations, et les embuscades tendues par les terroristes à travers le pays.
Autres sujets de l'heure, les négociations avec le FMI qui avaient permis de rééchelonner le remboursement de la dette ; le gouvernement obtient un prêt de 40 milliards de francs de la communauté internationale pour libéraliser son économie.
Je referme les journaux sans trop m'y attarder dans leur lecture. Un bref coup

d'œil me suffit pour en parcourir les pages Sur ce, je repense à mon père qui n'avait pas du tout tort en me disant un jour qu'un journal n'était en fait bon que pour emballer les légumes,
Je tire une légère bouffée de ma cigarette que je regardais pensivement comme pour l'interroger. Encore assis à contempler ce décor, et à entendre le bruit des dominos, un homme passe devant ma table et arrivé à mon niveau, il regarde un titre d'un quotidien qui informe sur un massacre, puis dit : « bientôt, bientôt ! ». Surpris par cet intermède, j'ai vite écrasé ma cigarette en regardant à mon tour cet homme qui ne s'attarda pas au café, ne me laissant pas le temps de réagir. Cet épisode me pousse à prolonger mon séjour dans Ain Defla. Comme une prémonition d'un fait à venir, je me sens tout d'un coup curieux des suites qui pourraient surgir le lendemain mercredi.

D’où ma décision de rester encore dans la ville.
Je me devais de téléphoner à mes parents et à ma femme pour les prévenir de ma décision de rester encore à Ain Defla. Depuis un kiosque multi service, je les rassure que tout va bien et que je rentrerai in challah dans une semaine il est vrai que ma fille Amira, âgée d’à peine un an, me manquait terriblement. Mais je dois me résoudre à aller au bout de ma mission. Les jours d’après s’avèreront bien longs. Dans leur routine maussade, ils se ressemblent comme de vilains frères jumeaux. Pourtant, l’été a une saveur particulière dans notre pays, même en zone rurale. C’est le temps des vacances et du farniente. Mais mieux vaut rester chez soi à se morfondre que voyager par les routes surtout par les temps qui courent. Les faux barrages, les attentats dissuadent les citoyens de se déplacer même à la ville voisine.

À Ain Defla, il ne se passe un jour sans qu'il y ait des informations qui émanent ici et là sur un massacre perpétré dans le périmètre de la région. Et chaque jour que Dieu fait, des patrouilles à bord de véhicules légers et de blindés, circulent sur les principaux boulevards. Et le long des routes nationales, des barrages fixes. A partir de 18 heures, toute circulation de véhicules civils est interrompue pour se prémunir contre tout éventuel danger. Tout en notant l'évolution de la sécurité dans la ville, ses rebondissements, je n'avais d'autres occupations que de relire un vieux roman de Balzac ''Le Père Goriot''. Et comme les journées sont longues, j'ai vite fini de le lire. Et puis l'impatience me gagne de nouveau. Je suis impatient et curieux de savoir la suite donnée au rendez-vous entre le wali et l'émir. Ce rendez-vous m'était aussi important. Le temps passe difficilement. Il me tarde d'être à 17 heures, heure de l'entrevue je me trouve aux abords de la résidence wilaya. Face à elle, un fastfood où je choisi de me sustenter. Je mordais dans un sandwich sans trop de conviction quand soudain je vois des agents de sécurité qui prennent position en faction devant la bâtisse. Encore un temps à passcr. Ce n'est qu'à quelques minutes de la prière que trois voitures entrent à la résidence. Celle du wali, faisait partie de ce petit cortège.

Je savais que le premier responsable de la wilaya a été avisé par l'homme ou l'intermédiaire entre lui et l'émir. Ce dernier et sa femme sont en ville. Je vidais les dernières gouttes de ma bouteille d'eau.
Peu après, je décide de revenir à Sebdou. Je ne pouvais plus supporter cette chaleur et les informations qui dénombrent chaque jour les victimes qui tombent sous les balles et les armes blanches des terroristes. Une page va s'inscrire dans les annales de l'histoire de

l'Algérie qui a su ne pas abdiquer grâce à la vigilance et à la lutte de tout un peuple qui ne veut pas abdiquer devant le terrorisme. Cette page conte un combat qu'Ain Defla a livré durant un été de la décennie noire.

Cela s'est passé, il y a 20 ans. Toute une génération a été sauvée grâce à l'abnégation de deux hommes. Aujourd'hui âgés de 20 ans, ces jeunes femmes et hommes ne doivent nullement oublier que leur wilaya Ain Defla a retrouvé la paix et la sécurité par la seule volonté et l'engagement de deux hommes qui ont pris sur eux, en cet été 1995 particulièrement, et même avant et après d'aller au front combattre les hordes terroristes qui écumaient la région.
Un fait d'armes exceptionnel, digne d'intérêt, marquant la lutte contre le terrorisme à son apogée qui a marqué l'histoire de la paisible région d'Ain Defla blottie dans la vallée du Chélif,

dominée par la majestueuse chaine du Zaccar et de l'Ouarsenis, culminant à 1800 mètres d'altitude. Un cadre de l'Etat et un officier supérieur de l'armée nationale, tous deux ayant prêté le serment de servir les intérêts du pays et de défendre haut la main la dignité de l'algérien dans sa vie quotidienne, ont conjugué leurs efforts et mis en œuvre une stratégie militaire pour venir à bout d'une bande sanguinaire sur le point de défrayer la chronique en signant une hécatombe parmi la population et ses institutions.

20 ans. Un temps d'introspection civique et de réflexion historique autour d'une mémoire unificatrice porteuse de valeurs. Tous les ingrédients étaient réunis pour le succès de cette lutte contre le terrorisme.

Ain Defla, hier : martyrisée, brisée, encerclée. Une opération menée par les forces de l'ANP, a pu la libérer. Après cinq jours de combats acharnés, les vaillantes troupes du Général ont réussi à déloger et à neutraliser les émirs. Des sacrifices que l'histoire ne saurait oublier. S'adonner à une lutte sans merci mérite la plus grande considération, surtout quand l'objectif est aussi noble que la liberté. L'armée a servi à l'humanité entière d'exemple de motivation et de courage face à la horde sauvage qui a voulu mettre à genoux tout un pays. Pour leur part, les citoyens de la région-centre du pays, étaient convaincus que la bataille d'Ain Defla demeurerait l'un des événements majeurs de la décennie noire. Cette grande opération a donné aux forces de sécurité toutes ses lettres de noblesse.

L'homme des Aurès, et le Général, car ce sont d'eux qu'il s'agit faisaient partie de cette « guerre » qui ne disait pas son nom. Deux décennies après la profonde crise politique qui l'a traumatisée, l'Algérie est sorti plus forte que jamais de cette douloureuse épreuve aux traces indélébiles qui ne s'effaceront jamais des mémoires. Les desseins des terroristes et de l'organisation qui les a portées ont été littéralement stoppés après certes des pertes mais que l'histoire retiendra comme étant le prix à payer pour que la bête immonde ne soit plus. Grâce à la réconciliation nationale prônée et mise en œuvre par le président Abdelaziz Bouteflika, l'homme des défis qui a su pardonner au moment opportun, le pays s'est remis au travail, sans pour autant oublier.

Cela servira désormais à tout détracteur qui voudra s'en prendre au pays. Ces derniers n'ont plus droit de cité. Un jour, les populations vivront sans crainte dans la félicité. Un jour enfin, chaque citoyen pourra contempler, flottant au-dessus du drapeau de notre pays, la partie de blancheur immaculée de la colombe de la paix et se sentira fier de la grandeur de cette Algérie.

Après plus de dix ans de lutte contre ce phénomène, l'Algérie est à nouveau libre. La politique judicieuse de son excellence le Président de la République l'a hissé dans la cour des grands. Le pays a consacré d'importants financements dans le cadre de son plan d'appui à la relance économique et du programme de soutien à la croissance. Le Programme 2010-2014 en cours s'inscrit dans cette optique de développement durable et vient renforcer l'approche intersectorielle et participative de la planification et de la mise en œuvre d'une gestion intégrée des ressources naturelles. Il permet la prise en charge des questions liées à la préservation et à l'utilisation durable de la biodiversité, à la dégradation des sols, à la gestion de l'eau et/ou à la stabilisation des gaz à effet de serre dans l'atmosphère.

1995. Une matin d'été comme un autre, à Ain Defla. Après les grosses chaleurs, un petit vent frais et caressant effleure mes épaules tel un amoureux enlaçant sa dulcinée, après une longue absence. La ville est étrange, alanguie au soleil, débarrassée du flot des voitures. Qui s'y hasarderait avec la canicule ambiante ? De plus, en ces temps d'incertitude, il est préférable de rester calfeutré chez soi le plus possible. Quand cela est nécessaire, on rejoint son travail, on vaque à ses occupation, on assure l'approvisionnement en alimentation aux heures cléments. Pourtant, dans toute cette atmosphère faite de tueries, d'attentats et de mort, Ain Defla, ne désespère pas. Même dans la douleur et la peur quotidienne. Elle lutte sans relâche contre les hordes sauvages. La population s'impose alors tous les sacrifices, pour ne

pas laisser habiter le terrorisme dans ses murs. Contre tous les dangers, elle s'arme d'une admirable énergie. Dans cette région frappée par le terrorisme, des assassinats aussi lâches les uns que les autres, lot journalier des populations locales, sont commis sans répit. Il ne se passe un jour sans inscrire une victime ou des victimes sur la liste macabre des disparus, entre femme, enfants et hommes, tout âge confondu. A peine l'annonce d'un assassinat faite qu'une autre triste nouvelle se fait entendre. L'information n'a jamais autant couru dans la cité, tombant tel un couperet dans son sillage une traînée de poudre qui fait vite le tour de la ville, non, plutôt le tour du pays. De nombreuses personnes périssent sous les balles assassines, des attentats à la bombe, par arme blanche lors des faux barrages… L'apocalypse.

En cette journée de l'été 1995, un ton particulier l'anime et tonne comme une alerte. La ville est surplombée par les monts, où l'on retrouve aujourd'hui le goût à l'aventure. Qui pour prendre l'air, qui pour un semblant d'évasion, qui encore pour fuir le brouhaha des quartiers emplis de bruit, même si le chemin est encore et toujours fait de pistes interminables, il est ce bonheur singulier de vouloir se frotter aux dénivelées cahoteuses des routes des djebels. Avec ses magnifiques dômes alpestres que le touriste se plaît à effleurer avant de remonter dans la fraîcheur à plusieurs mètres d'altitude. Cela c'est maintenant, mais dans un passé récent qui pouvait s'y aventurer ? Même le plus hardi des riverains qui connait pourtant ces monts dans lesquels il a passé la plus grande partie de sa vie avant que les monts ne soient infestés par ces hommes venus semer la mort et la terreur. Devenus véritable fief des terroristes, ces maquis jadis abri des moudjahidin servent en ces années de feu à l'organisation de rencontres même de congrès disait-on, scellant à l'occasion le sort de centaines, voire de milliers de citoyens. De ce véritable poste de commandement des sanguinaires, il était programmé la mort de villageois isolés par l'enclavement, livrés à eux-mêmes sans arme ni défense, la disparition tragique de nombreux automobilistes coincés dans les faux barrages qui écumaient les routes à toute heure… C'est une journée semblable à une autre en cet été 1995.le mercure flirt avec les 40 degrés Celsius rendant l'atmosphère étouffante, annonciatrice de malheurs. Comme une prémonition à laquelle je fais face dans cette ville où je me suis arrêtée pour me dégourdir les jambes et ce alors que les informations peu réjouissantes font état d'attentats perpétrés dans la wilaya voisine, Blida. Mes pas s'efforçaient à maintenir une cadence normale sur le chemin qui me mène au siège de la wilaya d'Ain Defla. Et alors que j'étais plongé dans mes pensées le long du boulevard que j'ai choisi d'emprunter, me voici nez à nez avec un homme qui me fait soudainement face, l'air bien étrange. Il faut dire que je crois mordicus en le hasard. Mais je ne pense que s'en fût un celui qui me fait rencontrer cet inconnu. Il semble accaparé par le passage d'une femme mal voyante qui rasait un mur appuyée sur son bâton pour s'aider à marcher. C'est une femme d'un âge avancé, à la démarche nonchalante, presque chancelante. Non pas vraisemblablement par son handicap mais bine par le poids de l'âge. Elle est proprement habillée malgré quelques empiècements cousus dans ses vêtements, avec un soin extrême d'ailleurs. Des habits qui ne sont pas faits pour être portés en cette saison chaude mais dont la femme se contente, loin de s'en faire contre une misère bien apparente.

L'homme toujours présent en ces lieux face à cette vieille dame, presse le pas qui se fait entendre dans son rythme effréné, pour traverser le boulevard et assister la femme, et l'aider à marcher. Il s'arrête sur un visage ridé et jovial. Des traits fins qui transpirent l'honnêteté mais qui ne laissent pas moins transpercer de longues souffrances creusées sur front et joues. Mais une douceur prend le dessus et adoucit ce qui pouvait être une longue lamentation. Seul les yeux sont une orbite complètement vide lorsque les paupières se liassent frémir par des larmes qui en coulent discrètement, presque avec honte. Cette tristesse n'échappe pas à l'homme providence. Il scrute le visage de la vieille femme comme pour lui témoigner son affliction. L'homme la connait. Il sait son histoire. Elle qui vient de perdre tous les membres de sa famille. Ils ont tous été passés à l'arme blanche. Egorgés les uns après les autres. Il est tout ému de cette rencontre. Il prend la main de la malheureuse et se présente à elle. Elle, confiante se laisse entrainer par son protecteur. Bientôt la conversation s'engage. L'homme invoque Dieu et sa miséricorde. Il la console du mieux qu'il le peut. Ses parents morts dans cette tragédie ont retrouvé Allah et sont considérés des martyrs sacrifiés sur l'autel de la violence. La vieille femme s'appuie sur le bras de l'homme qui parle, parle, sans arrêt, apportant du mieux qu'il le peut un peu de réconfort à cette femme qui souffre tant. Il appuie ses dires de versets de Coran, de Ahadiths du prophète, que le salut de Dieu soit sur Lui.

Le couple marche lentement, conversant allègrement, jusqu'au moment où la dame veut lui raconter les faits de ce jour funeste. Son compagnon l'arrête, en lui répondant connaitre déjà parfaitement son histoire. Lui évitant par la même de se remémorer ce triste souvenir. Il enchaîne :

« Ce n'est pas la peine, insiste-t-il, je sais tout ce que tu as enduré et comment cela s'est passé. Je ressens ta souffrance, et nul ne peut se mettre à ta place et ressentir ta douleur ou l'ignorer. Un jour, ces criminels payeront cher ces crimes. Et ce jour n'est plus très loin. »

A présent, le couple se trouve de l'autre côté du boulevard. Là, l'homme se dessert de l'étreinte du bras de la vieille, prenant congé d'elle, non sans lui souffler de s'en remettre à Dieu tout puissant afin de punir les assassins. Il écrase une larme sur ses joues et repart les yeux rougis, remue

au plus profond de lui-même par cette histoire vécue et encore bien vivace dans le cœur de la vieille victime. L'homme se dirige maintenant d'un pas alerte vers le siège de la wilaya. Dans son empressement, il ne fait pas attention aux gens qui le saluent sur leur passage et ne pense qu'à rencontre le chef de l'exécutif.

Notre homme est investit d'une mission. Il vient d'être sollicité par un émir pour intercéder auprès du premier responsable de la wilaya, car il voulait se rendre aux autorités concernées mais il n'avait confiance qu'en cet homme et en Nouri Abdelwahab. Il se trouve être le chef des terroristes qui prévoient de frapper fort Alger, et Blida.

D'ailleurs, la rencontre de l'émir et de l'homme en question avait lieu la veille. L'homme habite une maison située presque à la sortie de la ville. Il n'entend

pas du premier coup frapper à sa porte. Il est allongé sur une paillasse, dans sa petite cour, occupé à scruter le ciel étoilé de cet été fade, sans attrait. Au loin, pourtant, des étoiles étaient brillantes, d'où d'ailleurs leur visibilité. Aux alentours, la lumière flétrie des lampadaires rendait encore plus opaque les environs plongés presque dans la pénombre. L'homme concentré sur ce spectacle sirote avec délice un café. Il n'a pas sommeil. Il ne s'apprête pas non plus à dormir, puisqu'il était encore vêtu de ses habits de ville. Cette dernière dort déjà à cette heure tardive de la nuit.

Ainsi plongé dans sa contemplation, il sursaute à des coups donnés sur sa porte. Aucun bruit à l'extérieur. Pas même un aboiement comme c'est de coutume. Il est près de minuit. Intrigué, l'homme daigne enfin se lever. Il ne va pas tout de suite à la porte. La peur se saisit de lui. Les coups

continuent de pleuvoir sur le bois de la porte. Puis ces mots presque inaudibles :

- Ouvre ya Akhi ..., c'est moi .... , murmura l'émir derrière la porte. L'homme ne bronche pas. Les coups se font insistants, l'invitation à ouvrir aussi :

- Ouvre, n'aie pas peur, rassure la voix étrangère.

Cette dernière se fait enfin familière. L'homme croit en reconnaître le timbre. Il hésite un moment et se résigne à tourner la clé dans la serrure, en se tenant le ventre, le courage à deux mains, implorant Dieu de lui venir en aide, de la protéger. Dans l'entrebâillement de la porte, l'homme distingue la silhouette d'un homme, à peine visible dans le noir.

L'inconnu pousse encore un peu l'ouverture. Il est grand et porte une longue barbe fournie. Il arbore une tenue débrayée, qui laisse entrevoir le cross d'une arme. L'homme recule et laisse entrevoir sa crainte.

-N'aie pas peur, n'aie pas peur, laisse-moi entrer. Lance l'inconnu.

La respiration de notre homme s'affole .Il sent son cœur lui sortir de la poitrine tous ses membres tremblotent, il ne tient presque plus sur ses jambes flageolent

-Ghi El khir ? Risque-t-il

-Rassure-toi !! Rien de grave. Répond l'émir, en ajoutant :

- Si je suis là, c'est parce que j'ai besoin de tes services.

L'homme s'efface devant ce visiteur et le laisse entrer en prenant soin de refermer soigneusement la porte derrière lui. Il dirige son invité vers la cuisine. L'émir sans attendre d'invitation, se jette affamé et sans crier gare sur les restes d'un dîner qui traîne sur la table... Il l'ingurgite froid, en un clin d'œil. L'inconnu est visiblement tenaillé par la faim. Il a les traits tirés, d'apparence bien fatigué, le corps amaigri comme s'il n'avait pas mangé depuis longtemps. Il se laisse choir sur une chaise, las et fatigué par le chemin qu'il vient de parcourir depuis le maquis qu'il a rejoint il y a longtemps. Il se tourne enfin vers son hôte et lui chuchote à voix basse :

-Il faut absolument que tu me prennes rendez-vous avec le wali, et dans les meilleurs délais. Je veux me rendre. Je veux me racheter. Les terroristes qui tiennent leur congrès se préparent à une grande offensive. Ils comptent opérer bientôt et de la manière la plus forte, la plus spectaculaire, la plus sanguinaire qui soit. Il attend que son vis-àvis réagisse. Ce dernier ne bronche pas et se contente de hocher la tête en signe d'approbation. Il n'émet aucun son. Il ne fait même plus attention à ce regard perçant qui le transperce tout en s'adressant à lui. Comme plombé par cette apparition soudaine, presque irréelle. Il est hypnotisé et en oublie même sa peur qui fait tout de même craquer son cœur qu'il sent bondir dans son thorax. Bien sûr qu'il a entendu son interlocuteur, il a de la peine à mettre de l'ordre dans ses idées. Il reste là, muet, sans mouvement, littéralement paralysé. Il regarde l'homme se saisir d'un verre, se servir de l'homme, en boire goulument le contenu, le salue et partir aussi brusquement qu'il est apparu quelques instants plus tôt. Il n'a même plus le reflexe d'aller verrouiller la porte. C'est lorsqu'il ne voit plus la grande silhouette lui faire face et que le silence de nouveau habiter la maisonnée qu'il le rompt avec un long soupir de soulagement, un immense ouf transgresse surgit gros du fond de sa gorge. Il alla fermer la porte d'entrée. Revient à la cuisine, se sert un verre d'eau, un autre que celui dans lequel a bu son invité surprise et se laisse affaler sur une chaise, de nouveau en maître des lieux. Il s'entend prier et remercier Dieu : El Hamdoullah ! El Hamdoullah ! Oh mon Dieu que dois-je faire?

Ses doigts dans un geste nerveux courent sur ses cheveux emmêlés, humides, la transpiration les ayant fortement mouillés. Il mord sa lèvre inférieur jusqu'à ce qu'un entrefilet de sang en jaillit et entache ses dents. Le goût le réveille et lui fait arrêter cette torture inutile. Il repense à son entretien avec l'émir. Son esprit s'embrouille et les mots s'y bousculent, à un rythme effréné. Sa gorge se noue de nouveau, s'assèche encore, ce qui l'amène vers la cuisine à la recherche d'un autre verre d'eau pour estomper cette soif soudaine et répétée.

C'est bien la première fois qu'il se retrouve nez à nez avec un terroriste. Et comment a-t-il eu l'audace de lui ouvrir la porte dans cette nuit noire, face à un inconnu. Il faut vraiment être inconscient, bête, irréfléchi pour l'avoir fait. C'est ce peut-être ce geste naïf qui l'a sauvé. Dieu est grand ! En plein dans ses réflexions, il n'entendit pas tout de suite un bruit venir de la pièce voisine. Il ne sursaute même pas lorsque sa femme maintenant réveillée se dirige vers lui. Visiblement, elle n'avait rien entendu, puisqu'elle a plus dans la voix une intonation affectueuse qu'inquiète :

- Il est une heure du matin, et pas encore au lit ? lui lance-t-elle.

Lui, encore tremblotant, le cœur en folie prêt à surgir de sa poitrine, l'empêche de lui répondre sous peine d'attirer son attention. D'ailleurs, peut-il seulement prononcer ne serait-ce qu'un mot ? Il reste muet et ne répond pas. Lentement, comme un somnambule, il se dirige alors vers la cour, et s'allonge sur le tapis.

Ain Defla dans la pénombre, baignait dans la fraîcheur de cette nuit estivale. La ville est endormie, du moins d'apparence, d'autant que c'est la pleine lune. Dans le voisinage, en tous cas, d'où aucun signe de vie ne parvient. Les bras de Morphée , ont eu raison des plus récalcitrants au sommeil. L'homme, lui, est encore sous le choc, de la sueur continuait de dégouliner de ses tempes et courait le long de sa nuque apportant une espèce de fraîcheur à son échine. Son tee-shirt s'en trouve presque trempé. Même le sang provoqué par la morsure de ses lèvres, n'était pas complètement asséché. Ses dents en sont colorées. Il n'arrive plus à contenir son énervement. Il semble perdu. Il plonge dans ses pensées : « Dois-je voir le Wali ? Dois-je faire l'intermédiaire ?

S'interroge-t-il, tout en priant Dieu de venir à son aide.

La nuit se fait bien longue. Ses doigts serrent alors brusquement son menton avec violence. Il décide de voir Sid El Wali pour lui parler de cette reddition. Pensif et absorbé dans ses réflexions, partagées entre accepter ou refuser cette invitation à collaborer avec cet individu, il s'en remet au ciel. Son crâne lui fait terriblement mal. Il tire sur ses cheveux avec rage et ne ressent même pas la douleur. Son regard est chargé de peur. Il se pince encore les lèvres oubliant sa morsure première. Il reste ainsi inerte, jeté sur sa paillasse improvisée, attendant désespérément le lever du jour qui semblait jouer avec ses nerfs. Il ne réentend que les paroles de l'émir qui lui font l'effet d'un poignard sur son thorax et un bruit assourdissant à ses oreilles qui bourdonnent de cette voix grave et autoritaire. Il se surprend à parler à voix haute :

- Wach had el mossiba ? Oh! Mon Dieu!

Les heures s'égrainaient lentement, jusqu'à l'inattendu mais ô combien salvateur appel à la prière du muezzin. Il apprécie comme jamais les premières lueurs de l'aube qui pénètrent la cour qu'il quitte hâtivement pour regagner sa chambre. Là, il se laisse aller, bercé par la douceur de son lit. Il plongé dans un profond sommeil dépeuplé de rêves pour ne se réveiller que vers 11 heures du matin.

A l'entrée de la wilaya, l'homme se voit stoppé par les agents de sécurité.

-Je veux voir Sid El Wali. Dit-il d'un air emporté.

-Désolé, vous devez revenir après demain, jour de réception, lui répond un des agents

- Mais c’est pour une affaire d’une extrême urgence, messieurs, laissez-moi entrer, insiste-t-il.

-S’il vous plaît, monsieur, n’aggravez pas la situation et revenez après-demain.

Pas question, pas question, il faut que je vois le Wali, même s’il faut que je l’attende ici.

Soudain, une main puissante s'empare de son vêtement et le tire brusquement en arrière. L’agent de sécurité tente de l’expulser des lieux. A ce moment précis, la voiture du wali arrive.

L’homme en profite pour se libérer des mains de son agresseur, et crie haut et fort « Sid El Wali ! Sid El Wali !

La voiture s’arrête net. L’homme s’en approche en courant. Il crie des mots .Les agents de sécurité sont prés à intervenir. Ils sont rappelés à l'ordre par le premier responsable de la wilaya et les prient de le laisser entrer. Le wali devine qu'il s'agit d'une histoire sérieuse. C'est alors que le visage de l'homme se fige net. Il se voit invité par une main qui s'agite dans sa direction l'invitant à le suivre. Il est dirigé ensuite vers la salle d'attente. Il s'y installe, l'impatience se lisant sur son visage. Même le bruit du climatiseur le dérange, bien stressé qu'il est. Il fait les cent pas en attendant l'entrevue. Il doit prendre son mal en patience, car, ce n'est que trois quart d'heures après que le chef du protocole du wali, fait son entrée pour lui demander de le suivre. Son visage se crispe tout d'un coup, il a le trac, ses jambes ne le portent plus. Il s'efforce à monter l'escalier qui mène au bureau du Wali. Il est plus de 15 heures.

Dès le seuil de la porte du bureau franchit, son regard se porte naturellement sur le wali. Ce dernier se tient à la fenêtre, affairé à regarder un point avec un intérêt accru. Mais il se retourne rapidement comme si ce qu'il regardait ne l'intéressait plus tout d'un coup pour s'en détacher et demander derechef au visiteur de prendre place.

-Alors ? demande le wali.

L'homme sent son cœur battre la chamade. Son visage en devient pâle. Il a du mal à sortir un mot.

Il est vite encouragé du regard par le premier responsable de la wilaya qui se rend compte de cette gêne. L'homme ose enfin raconter sa rencontre de la veille.

-Est ce que cet émir te connait ? Questionne-t-il

-Oui, Monsieur le wali. Il est de ma tribu. Et il a fort confiance en vous.

-Très bien. Mais écoute, que cette histoire reste top secret, avise-moi dès qu'il sera prêt.

-D'accord, d'accord! Monsieur le Wali. C'est promis. Affirme l'homme avant de quitter les lieux.

La wali plonge dans ses pensées et se lève. Il revient à la fenêtre, toujours pensif. Le soleil inonde les monts d'Ain Defla. Il se dit à lui-même : « Il me faut agir quitte à ce que cela m'en coûte »

Le wali est un homme qui aime beaucoup son pays. Autrement, il n'aurait jamais accepté de travailler dans cette région dans laquelle les terroristes agissent en terrain conquis.

Quant à l'homme, il quitte d'un pas pressé le siège de la wilaya, comme poursuivi par une ombre. Il ne se retourne aucunement sur son chemin et se dirige sans trop attendre droit chez lui. Il ne s'arrêtera qu' à proximité d'un jardin où il entre pour s'y reposer, emporté qu'il est par son rythme. Il s'allonge sur l'herbe humide, pensant atténuer un tant soit peu sa respiration saccadée, tentant vainement de reprendre son souffle. Son estomac gargouillait, la faim le tenaillait, alors que son cerveau allégé du poids de l'aveu, chantait presque, comme pour se féliciter du pas effectué dans les négociations à venir.

Enfin reposé, il décide de se relever non sans vaciller quelque peu, à plusieurs reprises, avant de se reprendre pour achever le reste de la route qui lui reste à parcourir avant de regagner sa maison. Il y arrive enfin. Il se dirige directement à la salle de bain, pour y prendre une douche. L'eau lui fait un bien fou. Il se relaxe bientôt et a les idées plus claires. Il s'habille prestement avant de demander à son épouse de lui servir à manger. Il se sustente en silence, hésitant à entamer la conversation que d'ailleurs sa femme ne rompt aucunement et ce bien qu'elle le devine quelque peu inquiet. Elle sait qu'il y a quelque chose qui ne tourne pas rond visiblement mais elle n'ose pas le lui demander. Elle a l'habitude depuis le temps. Elle sait que s'il a envie de lui parler, il finira par le faire. Elle sait attendre et ne souhaite qu'une seule chose qu'il ne s'agisse pas d'un problème grave et insoluble. Elle n'aime pas voir son époux tourmenté. En tout cas pas par son foyer pour lequel elle travaille d'arrache pied pour le soulager et lui éviter d'intervenir, exception cas urgent et qui la dépasse en tant que mère. Quand il s'agit de ses deux filles mariées ou de ses deux garçons qui vivent en France .Là, elle se voit obligée de lui en faire part.

Et aujourd'hui, elle sent son mari tendu. Elle attend un mot de sa part. Rien. Elle le voit bien, il est bien inquiet.

Après avoir débarrassé la table, elle lui propose un café qu'il refuse. Etonnée, elle renouvelle son invitation, là le mari irrité par son insistance finit par hausser le ton, dans un refus catégorique et glacial. C'est alors qu'elle s'arme de courage et lui demande la raison d'un tel comportement nerveux.

Il tarde à lui répondre avant de lâcher : « Tout ce que je te demande, c'est de ne pas inviter les filles à venir chez nous ces jours-ci. Si elles ont l'intention de nous rendre visite, tu dis non, point final.

-Pourquoi ? Se hasarde-t-elle.

- Fais ce que je te dis et ne cherche pas à comprendre, ordonne-t-il.

-Mais je ne pourrai jamais interdire à mes filles de venir nous voir ? Tu le sais bien. Et que vont-elles penser ? Que nous ne voulons plus d'elles,.

-Dans ce cas, je le ferai moi-même. Après tu comprendras pourquoi.

Sa femme se tait et retourne dans sa tête les doutes qu'elle a en elle depuis déjà la veille, lorsque son mari n'était pas venu la rejoindre au lit, alors que la nuit était bien avancée. Maintenant, elle sait que quelque chose s'est passé. Alors qu'elle était plongée dans ses pensées, elle est tout d'un coup interrompue par une drôle de question :

- Et si le fils de … vient ce soir chez nous ?

- Quoi ? Le terroriste ? Mais ...

- Ne t'affole pas, il veut simplement se rendre, et puis il a beaucoup de choses à dire .D'ailleurs, le wali est au courant.

- Mais…

-Ecoute, il viendra sûrement cette nuit pour fixer son rendez-vous. De grâce, considère ça comme un secret.

Sur cette confidence, l'homme abandonne sa femme à sa surprise. Et va se coucher. Allongé dans le noir, l'homme semble fixer un point au plafond, le souffle lent, le corps au repos. Bientôt, excédé par les tic-tacs des aiguilles du réveil posé sur la table de nuit, il se tourne et se retourne dans son lit pour tenter de les oublier. Son dos le fait souffrir. Dieu qu'il voudrait plonger dans le sommeil, dormir jusqu'au matin, sans avoir à se réveiller et à s'inquiéter il sent bientôt son corps se laisser aller aux bienfaits des draps d'où se dégage un parfum de lessive. Sa femme en mette des propres. Il s'y sent bien… ses paupières s'alourdissent, se ferment et sa respiration devient bientôt régulière.

Quelques moments après, sa femme vient se glisser à ses côtés, sans faire de bruit de peur de le réveiller. Il sort si bien, se dit-elle. Elle lui donne le dos et retrouve ses pensées, sa peur… ses souvenirs réveillent en elle les massacres passés, la terreur, le deuil et les pertes au sein de la population. Elle n'en a jamais douté, les sanguinaires n'ont pas de cœur. Alors comment un des leurs pourrait-il se rendre, revenir à la civilisation, oublier son passé ? Elle n'arrive pas à s'endormir. Elle finit par quitter le lit, sans bruits. Elle va à la salle de bain et asperge son visage d'une eau bien fraîche d'habitude chaude en pareille saison estivale.

Et alors qu'elle passe une main sur ses cheveux pour les lisser, elle s'arrête net, quand elle entend des pas venants de l'extérieur. Elle écoute, la peur au ventre. Elle arrive à sortir de la salle de bain, pour retourner dans la chambre où son mari dormait paisiblement. On marchait toujours à côté de la maison. Qui cela pouvait-être ? Des soldats qui font leur ronde occasionnelle ou les autres ? Elle veut réveiller son mari mais elle hésite. Elle se rassure tout de même : ce sont certainement des militaires. Alors qu'une voix lui conseille de rester calme, l'autre lui murmure de réveiller son conjoint. Elle sait que l'émir, frapperait une seconde fois à leur porte. Ainsi plongée dans ses réflexions, elle ne se rend pas compte que le bruit de pas a disparu. La femme jette un regard sur l'horloge. Les aiguilles affichent 1 heure du matin. Rassérénée par le calme revenu, elle bondit presque en entendant toquer à la porte d'entrée. La peur l'enveloppe de nouveau. Elle entend les battements de son cœur redoubler d'intensité. Elle s'approche de son mari, le secoue

- Y a rajel, ya rajel, réveille-toi, réveille-toi… vite, on frappe à la porte, vite !

L'homme se réveille en sursaut, tend l'oreille et saute à bas du lit. En un seul mouvement, il se retrouve derrière la porte

-C'est qui ? Ose-t-il d'une voix basse.

-C'est moi …..Ouvre. Je ne resterai pas longtemps, répond une voix familière, c'est celle de l'émir.

Et la lourde porte s'ouvre dans un grincement.

Le barbu salue l'homme. Les deux hommes entrent dans la maison. L'émir prend place dans une des pièces, emboîtant le pas à son hôte. Alors qu'ils discutent, la femme prépare du café.

En quelques minutes, tout est dit.

L'émir fixe le rendez-vous. Il est prévu le mercredi d'après, après la prière d'El Asr, à la résidence de la wilaya. Il quitte la maison comme il y est entré, furtivement, dans la nuit noire.

Au matin, l'homme se met à table face à sa femme pour prendre son petit déjeuner. Son regard ne se détache pas d'elle. Il la regarde droit dans les yeux. Il regarde ses sourcils froncés, son front soucieux et une grimace au coin de la bouche. Visiblement, elle brûlait d'envie de savoir ce qui s'est dit la veille au soir entre lui et l'inconnu. Effectivement, mille et une questions grouillaient dans la tête de l'épouse. Comment donc son mari connaissait cet homme, Comment le contact a-t-il été établit ? Pourquoi ce terroriste a-t-il mis le grappin sur son mari ? De quoi ont-ils donc parlé ? Elle espérait une réponse sans poser de question. Mais elle n'osait exprimer ses pensées à voix haute. En guise de réponse, son mari se lève et se saisit du téléphone. Il compose le numéro du wali et l'avise du lieu et de la date du rendez-vous.

Mercredi est arrivé. Déjà aux premières heures, un soleil de plomb s'abat sur Ain Defla. Le ciel est d'un bleu inerte. Sans nuages. Tout semble paisible dans la ville.

A la résidence, le wali, le visage fermé, le regard sombre, les mains derrière le dos, fait les cent pas. Ses chaussures ne font pas le moindre bruit en martelant le sol. Il n'a point peur. Il cherche à savoir que veut au juste le terroriste. Que peut-il dire de si intéressant ? Cette histoire de congrès des émirs, est-elle réelle ?

Ses pensées sont stoppées en entendant son protocole parler derrière la porte de la pièce où il se tenait, aux invités, dont une femme. L'émir est donc là !

Le Wali donne l'ordre de les faire entrer.

Face à lui, un homme barbu, chétif, de taille normale, aux joues maigres, visage blême, anguleux, osseux, la figure creusée par les rides, est moins fatiguée que les yeux pétillants, fouineurs. Il a dans les gestes, quelque chose d'automatique.

L'émir accompagné de sa femme salue Si Nouri.

-Essalamou allyakoum Sid El Wali!

Le wali donne l'ordre à ce qu'on accompagne la femme au premier étage. Celle-ci, emmitouflée dans son voile, porte un niqab. Elle suit le protocole et gravit derrière lui un escalier.

L'émir dépose une valise qu'il porte. La pousse vers le premier responsable de la pointe du pied. Il s'adresse à son hôte en ces termes :

Ouvrez Monsieur. Hada El Arboune

Le Wali s'exécute avec un sang-froid. Il ouvre soigneusement la valise.

A sa grande surprise, il découvre deux têtes et un important lot d'armes automatiques, entre autres pistolets, grenades, kalachnikov … L'émir précise qu'il s'agit là de terroristes.

Il se retourne vers l'émir, et lui dit

-Je vois que c'est sérieux. Qu'avez-vous à me raconter.

-Sid El Wali, sachez que plus de 1300 terroristes sont là-haut, réfugiés dans les monts. Ils sont fin prêts pour attaquer Blida et Alger. Ils comptent tout faire sauter la semaine prochaine ces deux villes .

Si Nouri écoutait attentivement l'émir.

Le barbu expliqué que les émirs dirigent l'opération. Ils disposent pour cela de nombreuses armes. Ils multiplient même les entraînements en prévision du jour J

-Je ne vous dis pas ça pour vous plaire ; c'est la réalité mais c'est pour que vous preniez vos devants et soyez vigilants afin de neutraliser ces criminels.

Il est maintenant 18 heures. La conversation arrive à son terme. Le terroriste quitte les lieux. Le wali prend quant à lui, le chemin vers Blida. Destination : la première région militaire.

A bord de sa 505, il emprunte la route nationale qui se fait sinueuse par endroits et qui finit aux abords d'une forêt touffue. Autour, collines, villages et espaces verts habillent la traversée. Le trafic sur ce tronçon entre Ain Defla et Blida se fait timide. Le soleil s'apprêt à décliner quand Blida se laisse deviner.

Slalomant entre les bus, motos, voitures sur un large boulevard de la ville, il prend la direction de la 1ère Région Militaire.

El Hadj Nouri Abdelwahab, attendu par le général, écoute minutieusement son interlocuteur. C'est lui qui dirigera personnellement les opérations.

Le général connu pour être un véritable homme de terrain, courageux et vaillant, décide sans attendre de la suite à donner à ces informations, afin de lancer immédiatement l'action. Le Général est aussi rendu célèbre pour sa droiture, son intégrité, son patriotisme, son dévouement et son engagement envers sa patrie. Le ministère de la défense nationale est bien sûr avisé sans tarder.

El Hadj Nouri peut maintenant reprendre le chemin de retour. Il fait nuit. 22 heures, bientôt. Son arme posée à côté, sur le siège avant, balle au canon, il scrute la route avec attention, même s'il est bien préoccupé par les événements de cette journée bien particulière. Villes et campagne alentour scintillent de mille lumières. Cela rassure quelque peu. D'autant que l'obscurité qui se manifeste souvent sur la route n'est atténuée au par les phares de sa Peugeot 505, pas même d'autres véhicules. Il fallait être fou pour rouler à pareille heure et par ces temps d'incertitude extrême. Mais la mission de commis de l'Etat exigeait plus que l'abnégation.

Au quartier général de la 1ère Région Militaire, le Général, stoïque, a déjà convoqué ses effectifs. Il y a urgence. Il fallait passer à l'action. Face à ses officiers, il présente son plan d'intervention.

Il est presque minuit lorsque le wali rentre à Ain Defla. La nuit peu étoilée est bien chaude. Malgré cette pesanteur météorologique, il fait doux, peut-être est-cette légère brise qui en est la cause… le responsable ne se met pas au lit tout de suite. Après s'être sustenté quelque peu, il se met face à la télé. Il regarde les images défiler devant ses yeux sans trop les voir. Il a l'esprit préoccupé par les révélations du jour et des jours à venir. Il met longtemps à trouver le sommeil. Et lorsqu'il le trouve enfin, il est dépeuplé de rêves.

Le lendemain jeudi et alors que les militaires prennent position et se meuvent partout, aux endroits névralgiques autour desquels les instructions ont été données pour s'y déployer, le général se rend à Ain Defla, à bord d'un hélicoptère. Rendez-vous a été pris avec le wali. Dans le bureau de ce dernier

L'officier supérieur de l'armée nationale rencontre l'émir. Le repenti raconte tout, au détail près. Le général note, interroge, insiste et pousse au plus loin les révélations. Puis après un bref entretien seul à seul avec le wali, il prend congé non sans mettre son plan à exécution, inspecter les lieux dits d'abord, car il lui faut s'en rendre compte visuellement par lui-même. La prospection se fait avec minutie depuis son hélicoptère. L'appareil sillonne une zone pointue, difficile d'accès à priori.

Après avoir bien étudié le périmètre, il décide d'entrer en contact radio avec les terroristes embusqués dans ces mots rudes et d'apparence indomptables. Mais c'était compter sans l'intelligence doublée de vigilance de ce haut responsable et des troupes qu'il dirige. A l'autre bout de la radio, les émirs faisaient tonner leurs armes en signe de riposte à venir, sans vouloir jamais abdiquer. Ils promettent sang et feu.

Le général à présent sûr de ses informations, demeure plus que jamais confiant et calme. Il ne reviendra pas à la charge et se contente de faire silence aux menaces. Il répond simplement à ses correspondants : « Et moi, je suis un homme de guerre ! »

De retour à la caserne, l'officier retrouve des soldats galvanisés par les dernières informations et situations qui prévalaient dans les maquis d'Ain Defla. Ils sont fin prêts à l'intervention qui leur est incombée. Les troupes remontées à bloc suivent les ordres et investissent les lieux. En cette fameuse journée de jeudi, tout le périmètre indiqué des monts de cette région s'en trouve quadrillé. Rien n'est laissé au hasard. Les barrages sont multipliés, les tronçons coupés à la circulation des personnes. L'heure est grave et est au combat. Sans répit.

Dans quelques heures, cette grande opération redorera l'image de l'armée, elle qui était la cible du fameux qui tue qui ?, essaimé par les relais de l'occident et ses médias.

L'opération durera le temps qui aura fallu pour nettoyer la région infestée durant des mois, voire des années. La population revenue confiante envers l'armée, lui est de plus en plus acquise, après avoir longtemps flouée, encerclée et menacée par les hordes terroristes, prête aide et assistance aux soldats. La paix et la sécurité faisaient leur bonhomme de chemin. Plus de place à la peur des représailles. Le périmètre désormais sécurisé, l'armée est omniprésente à chaque coin et recoin. Cette grande offensive de l'armée nationale fait boule de neige. L'actualité nationale et internationale s'en empare

Dès le soir de ce jeudi là mémorable, les soldats appuyés de blindés avancent, ratissent large, sans recul, ni hésitation, l'opération est un véritable succès… face à cette avancée, dans le silence des montagnes, rugissent de nulle part et de partout, le son d'armes lourdes, de mitraillettes, entrecoupés de cris « Allah Akbar »…

Au sol, les soldats dominent bientôt la situation aidés dans leur opération par une offensive aérienne. L'ordre en a été donné par le général qui rappelle par la même aux soldats de maintenir leurs positions.

Le général lance par radio une intervention aérienne. Echanges de tirs nourris. Sans interruption jusqu'au bout de la nuit.

Vendredi, A la première heure, un bruit grandit dans le ciel, devient énorme. Des Mig et hélicoptères survolent les monts d'Ain Defla, et le ronflement des moteurs prend des proportions formidables. Les avions sont à peine 600 mètres, Les vallées s'en trouvent particulièrement visées, la première bombe est lâchée, sur un groupe armé. Les premiers corps des sanguinaires sont éjectés.

Les bombes tombent dru, les avions s'acharnent sur les cimes et lieux, refuge des criminels qui ripostaient en tirant à volonté .Les avions se livrent à une véritable fantasia au-dessus des monts, alors que les hélicos mitraillent les terroristes complètement dispersés, à bout portant. Le bruit est effroyable. La terre tremble, fume et brûle.

Au pied de la montagne, les soldats encerclent le périmètre. Le général met sur pied des forces considérables, des blindés, des centaines de fantassins lourdement armés (mitrailleuses), les forces spéciales sont du combat féroce qui s'y engage. Et jusqu'à présent, aucune perte n'est enregistrée dans les rangs de l'ANP. Les premiers bilans, parlent de la neutralisation de centaines de criminels.

Côté médiatique, l'opération enregistre le succès escompté. Elle fait l'objet de titres dans la presse étrangère qui écrit notamment : « Tandis que des négociations entre le gouvernement et les dirigeants, sont en cours, la bataille à Ain Defla, a provoqué en son début, la mort de centaines d'islamistes ». Ces médias étrangers rappellent que c'est à partir du printemps de cette année 1995 que, quotidiennement, des morts sont à déplorer par dizaines.

Les forces de sécurité sont mobilisées dans la « lutte contre le terrorisme ». Et les nouveaux crédits qu'obtient l'État, grâce notamment au soutien de la France (qui favorise alors le rééchelonnement de la dette publique algérienne au Club de Paris), permettent aux militaires d'intensifier leurs opérations de ratissages et de luttes.

Ainsi donc en rendant hommage à ceux qui sont les héros de ce pays,.., travaillons pour le progrès de la nation algérienne.

Ce récit qui se veut être une percée dans l'univers des terroristes, qui voulaient mettre à genou le pays tout entier, représente aussi un précieux témoignage sur l'épopée des patriotes à l'image de l'ex Wali Monsieur Nouri actuellement ministre du tourisme et du général chef de la région de Ain Defla, lesquels au risque de leur vie, se sont dressés solidairement face au péril extrémiste, tel un rempart dressé pour

sauver Blida la capitale des islamistes radicaux.

Arrive samedi. Le général prépare un second assaut. Son objectif est de neutraliser les groupes terroristes. Ces derniers en fuite, tentent de rallier d'autres monts voisins. Ils ne font que gagner d'autres maquis sur le territoire de la même wilaya, où leurs moyens de liaison ont moins d'efficacité. Les émirs, surpris par les forces de l'armée nationale populaire, essayent de regrouper leurs hommes, non sans difficultés. Les blessés leurs posent beaucoup de problèmes. Au pied des monts, l'ANP est très bien structurée. On n’attend que l’ordre pour passer à l’action.

Les terroristes tentent de pirater, à défaut de rompre la communication radio et d'exploiter éventuellement une percée, seule solution pour faire des avancées. Sans y parvenir. Cela s’avère au-dessus de leurs moyens. Ils sont pris au piège. Un vent de panique secoue les groupes encerclés de part et d’autre de leur éventuelle évolution. Dans le ciel qui semble bas, des avions militaires survolent les cibles. Les yeux de la population sont tous braqués sur les lieux des bombardements. Au loin, on entend de violentes explosions. Les cimes se couvrent d’une épaisse fumée. Les énormes explosions entrainent dans le ciel, de grandes colonnes de feu et d’épais nuages de fumée.D’énormes excavations marquaient les endroits ciblés par l’aviation.Les émirs perdent du terrain et des hommes. Ils sont à présent affaiblis.

Echanges de tirs marqués. Dans l'après-midi, des groupes commandos s'infiltrent dans le secteur des terroristes. L'attaque frontale est brutale. Dès l'aube, les forces spéciales avaient déjà anéanti une bonne partie du groupe restant.

Au troisième jour de cette bataille, les forces de sécurité tombent sur un abri des terroristes. C'est une casemate. Les survivants l'ont désertée pour aller se réfugier dans le massif forestier situé à plusieurs centaines de mètres de là. Dans une ultime tentative de tenir tête aux forces de sécurité. Ces dernières, prudentes, avancent lentement mais sûrement en raison d'un terrain escarpé et miné.Le général donne l'ordre de déclencher un déluge d'artillerie sur les collines. Les terroristes répondent. L'artillerie réussit à stopper les derniers groupes. L'armée avance, laissant derrière elle des corps de terroristes déchiquetés. Les derniers émirs, tentent de prendre les cimes à partir de l'ouest, mais les militaires repoussent cette attaque rapidement, en infligeant de lourdes pertes aux criminels. Durant toute la nuit l'ANP déploie dans le secteur ses patrouilles, fait actionner l'artillerie et les tirs au mortier.

Au quatrième jour, les derniers émirs font une dernière tentative de riposte par de timides assauts. Le général comprend dès lors qu'il s'agit du dernier baroud des groupes terroristes, non sans se retrancher pour autant malgré cependant quelques pertes dans les rangs de l'armée nationale populaire. Le moral est inébranlable.. Au dernier jour de cette opération, le général constate que les terroristes sont durement touchés car ils se replient. A peine quelques-uns ont réussi à prendre la fuite, réussissant à se sortir des mails des services de sécurité. De nombreuses armes automatiques sont récupérées ainsi que des documents et des équipements divers alors que l'ensemble des casemates est détruit.

« Cette bataille est gagnée » s'exclame le général. L'armée avec d'autres opérations similaires durant les années de braise, a pu venir à bout de la horde terroriste et ce malgré la cabale montée contre l'ANP et l'Algérie. Ces coups de force ont prouvé combien notre pays qui s'est battue seule, isolée par le monde, est attaché à la paix et à la stabilité, en criant à la face de ceux qui voulaient la nation à genoux, qu'en Algérie, il ne saurait y avoir de la place au terrorisme, quelque soient ses tentacules, ses origines et se nuisance.

Ain Defla est un bel exemple d'héroïsme, de ténacité, de conviction, de sacrifices que les soldats de l'armée populaire nationale ont démontrés lorsqu'il a fallu aller au front. Cinq jours de combat intense, face à la mort. Dans l'histoire de ces années de braise, Ain Defla restera dans les annales de l'histoire, l'une des meilleures donation des jeunes et moins jeunes militaires à la mère patrie, et l'une des batailles les plus percutantes de cette décennie rouge livrées aux groupes terroristes.

Printed by Books on Demand GmbH, Norderstedt / Germany